Hugo

der mutige Biber

© 2014 Meier Buchverlag Schaffhausen

Lektorat: Marie-Christine Neininger

Produktionsleitung: Daniel Haberthür

Gestaltung: Zvezdana Schällebaum

Korrektorat: Dr. Jacqueline Preisig

Produktion: Meier + Cie AG Schaffhausen

Lithos: Kuhn-Druck AG, Neuhausen am Rheinfall

Druck: Karl Augustin AG, Thayngen

ISBN: 978-3-85801-201-2

Hugo
der mutige Biber

TEXT

Franziska Friesacher

ILLUSTRATIONEN

Sabine Thomann

MEIER BUCHVERLAG
SCHAFFHAUSEN

Vor langer Zeit lebten im Bach im Reiat
viele Biber. Für den Bau ihrer Wohnungen
fällten sie Bäume. Das veränderte
die Landschaft und ärgerte die Bauern.

Aus Angst vor den Bauern flohen die Biber.
Und damit sie nicht entdeckt wurden,
liessen sie sich einiges einfallen. So wurde
ihre Flucht zu einem riesigen Abenteuer.

Heute erzählt Gottfried, ein alter Biber, seinem neugierigen Enkel Hugo
von seiner waghalsigen Flucht. Dabei träumt er von der wunderschönen, alten Zeit,
als das Wasser im Bach ganz klar und kühl war, von den saftigen Weidenästen,
dem goldenen Löwenzahn und den Brennnesseln. Aber wenn er an den Drachen
denkt, der ihm diesen furchtbaren Schrecken einjagte,
schaudert es ihn noch immer.

Natürlich erzählt er dem kleinen Hugo auch
von seinem Schatz, den er als Kind bei einer Bachbiegung
versteckte, einen schneeweissen, glänzenden Stein,
der im Mondlicht schimmerte.

«Lass uns dorthinschwimmen», bettelt Hugo.
Doch Grossvater Gottfried antwortet: «Nein, ich bin
zu alt für diese weite Reise. Aber ich weiss noch
genau, wo wir wohnten. Es ist ein klarer Bach,
der in den Fluss mündet,
in dem wir jetzt sind.»

Hugo will unbedingt
diesen Ort und den Schatz,
den schneeweissen Stein, finden.
Eines Nachts verlässt er seinen Grossvater heimlich
und macht sich ganz allein auf die Reise.

Er muss schwer gegen die Strömung ankämpfen.
Es ist sehr anstrengend. Manchmal denkt er ans Aufgeben.

Plötzlich spürt Hugo,
wie das Wasser klarer
und kühler wird, und er denkt:
«Das ist sicher der Biberbach, der zur
alten Heimat meines Grossvaters führt.»
Glücklich und beschwingt gleitet er durchs Wasser.

Am Ufer blühen Wiesenblumen, und die Weiden baden ihre langen Äste im Wasser. Müde klettert er aus dem Wasser und legt sich ans Ufer. «Hier bin ich sicher am richtigen Ort, morgen will ich den Schatz suchen, von dem Grossvater erzählt hat», denkt er, und schon fallen ihm die Augen zu.

Noch etwas verschlafen, aber neugierig, was da auf ihn
zukommen mag, beginnt Hugo mit der Schatzsuche.
Den ganzen Tag bemüht er sich vergebens. Hinter jedem
Stein, hinter jeder Bachbiegung guckt er nach,
doch er kann keinen grossen Stein,
keinen glänzenden Schatz finden.

Schon will Hugo aufgeben, aber da ist noch eine schwer
zugängliche Stelle. Hugo zwängt sich hindurch:
«Juhui, das hat sich gelohnt!» Da liegt ein schneeweisser
Stein, der im Sonnenlicht zauberhaft glänzt.
«Hier bleibe ich und bau mir
eine Wohnung!»

In einer Bachbiegung findet er eine Erdhöhle
und beginnt mit seinen starken Vorderpfoten
die Höhle zu vergrössern. Mit seinen scharfen Zähnen
fällt er kleine Birken und nagt Weidenäste ab,
mit denen er seine neue Wohnung zudeckt,
damit niemand sein neues Zuhause
sehen kann.

Müde, aber zufrieden
legt er sich in sein Nest und
schläft den ganzen Tag
tief und fest.

Als es dunkel wird, wacht Hugo mit einem Bärenhunger auf:
«So, jetzt muss ich aber die leckeren Kräuter und
Weiden finden, von denen Grossvater erzählt hat!»
Er macht sich bachaufwärts auf den Weg, bis er
ein Plätzchen findet, wo er seinen Hunger stillen kann.

«Was ist denn das?», fragt sich
Hugo. Er hört über seinem Kopf
ein lautes Surren, das wie
ein Helikopter tönt, und
eine liebliche Stimme sagt:
«Hallo Biber, du hast
mich mit deinem lauten
Schmatzen und Rascheln
aufgeweckt. Ich bin Aurelia,
die Libelle. Willst du
bei uns bleiben? Das wäre
schön.» Sagt's, gähnt und
setzt sich auf einen
bequemen Grashalm.

«Aber da war doch noch ein anderes Tier, von dem Grossvater erzählt hat»,
überlegt Hugo. Da kommt es ihm wieder in den Sinn: «Der fürchterliche Drache!»
Langsam steigt die Sonne auf, es wird hell, und Hugo wird wieder müde,
denn die Biber schlafen am Tag und sind in der Nacht hellwach.
Er sucht einen Unterschlupf und entdeckt ein Abflussrohr, das in den Bach mündet.
Schnell stopft er ein paar Äste ins Rohr, und schon hat er einen halbwegs sicheren
Schlafplatz.

Kaum ist er eingeschlafen, wecken ihn wütende Stimmen:
«Das geht auf keinen Fall, der muss verschwinden, dieser Biber!
Ausgerechnet das Drachenbrunnenrohr
hat er verstopft! Das Wasser wird
gestaut, und unsere Felder
versinken im Schlamm!
Und unsere Bäume
nagt er auch
noch ab!»

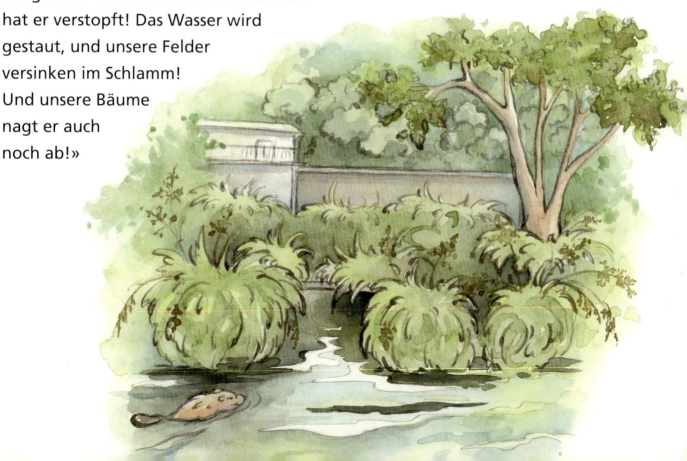

Hugo flüchtet schnell aus der Abflussröhre. Aus sicherer Entfernung kann er
nur noch traurig zuschauen, wie die drei Männer mit langen Stangen
sein Nachtlager zerstören.

«Was haben die Männer gesagt? Drachenbrunnenrohr? Dann muss die Röhre
ja zum fürchterlichen Drachen führen.» Hugo nimmt seinen ganzen Mut zusammen
und kriecht hinein. Am Ende des Rohres sieht er einen riesigen Schatten:
«Das ist sicher der Drache, von dem Grossvater erzählt hat!» Hugo bleibt
wie erstarrt liegen und schliesst die Augen. Doch dann reisst er sich zusammen:
«Doch, ich will den Drachen sehen.»
Vorsichtig verlässt er das Drachenbrunnenrohr.

Auf einem Weidenast entdeckt er ein braungrünes Tier,
das sich an der Sonne wärmt. Hugo nähert sich vorsichtig
dem unbekannten Wesen. «Hab keine Angst, ich bin
Elvira, die Eidechse, und wohne hier», sagt die Unbekannte
ganz freundlich. Hugo atmet auf: «Zum Glück!
Ich hatte solche Angst, dein Schatten war so gross.
Ich dachte, du bist ein Drache.»

Es ist wieder Tag,
Hugo kriecht durch die
Drachenbrunnenröhre
zurück. Er will nur
noch nach Hause.
Doch sein Magen
knurrt schon wieder.
So kann er nicht einschlafen.
Er schnuppert nach etwas Essbarem.
Plötzlich riecht er etwas herrlich Süsses.

Er geht seiner Nase nach und entdeckt neben dem Bach ein riesiges Zuckerrübenfeld. Zuckerrüben sind für Biber das beste, köstlichste Essen, das sie sich vorstellen können. Mit seinen starken Vorderpfoten gräbt er eine Rübe aus. Da hört er plötzlich Schritte. «Sind das schon wieder die Männer, die die Drachenbrunnenröhre entstopft haben?», fragt er sich ängstlich.

Er dreht sich um und sieht einen Mann mit drei Kindern. Der Mann ist Bauer und sagt: «Ich habe euch Biber vermisst.» Und die Kinder jubeln: «Schön, dass ihr zurückgekommen seid!» «Nimm so viele Rüben, wie du magst, du darfst auch Maiskolben auf dem nächsten Feld holen», sagt der freundliche Mann. Hugo zieht die saftige Rübe hinunter in seine Wohnung.

Während er an seiner Rübe knabbert,
denkt er an sein Zuhause, an seinen
Grossvater und auch an seine
Freundin Olga. «Ich möchte Olga
mein neues Zuhause zeigen.
Ich will nicht alleine bleiben.
Und meine Wohnung
ist gross genug für zwei.
Es wäre wunderbar, sie mit Olga
zu teilen.» Seine Freundin fehlt ihm.

Nach einem tiefen Schlaf macht er sich
auf den Weg in seine alte Heimat.
Vielleicht kann er Olga
dafür begeistern,
dass sie zu ihm
in die Erdhöhle
zieht.

Inzwischen ist es Winter geworden. Die Wiesen liegen
unter einer weissen Decke, und die Wälder sehen aus,
als hätte man sie mit Puderzucker bestreut.

Im Schnee auf der Bachböschung
sieht man eine Biberrutsche,
die im Wasser endet.

Hugo und Olga blicken neugierig in die Abenddämmerung.

Franziska Friesacher, Autorin, wurde 1946 in Appenzell geboren.
Als Kindergärtnerin arbeitete sie im Kanton Schaffhausen,
wo sie auch heute noch wohnt.

Sabine Thomann, Illustratorin, wurde 1967 in Bern geboren
und lebt mit ihrer Familie in Biel. Grafische Aus- und Weiterbildungen
in Bern, Basel, Paris und Luzern. Konzeption und Entwicklung
von Brett- und Computerspielen für Firmen und den Bund.